CRIAR Y DISFRUTAR DEL PROCESO

Sara Noguera Ramiro

Brief
Editorial

CRIAR Y DISFRUTAR DEL PROCESO

Sara Noguera Ramiro

EditorialBrief • 2025

CRIAR Y DISFRUTAR DEL PROCESO
© Del texto: Sara Noguera Ramiro
© De esta edición: Editorial Brief, 2025
info@editorialbrief.com
www.editorialbrief.com
Grupo Editorial Sargantana

Primera edición: enero, 2025

Impreso en España

Los papeles que usamos son ecológicos, libres de cloro y proceden de bosques gestionados de manera eficiente.

ISBN: 978-84-18641-50-3
Depósito legal: V-58-2025

Gracias. A todos los que confiáis en Kimudi. Por apoyaros en mí para criar a vuestra tropa. Por respetar mi contenido y darme crédito si compartís mi información. Por ayudarme a crecer como profesional y como persona. Y, sobre todo, gracias a mis seres queridos que son el motor de todo esto.

Índice

¿Se puede tener una guía definitiva para solventar todas las problemáticas de la crianza?

No, hay que asumirlo ya. Como cuando tuvimos que asumir que nunca íbamos a terminar una colección de cromos, pero no por ello lo dejábamos de intentar (recuerdo que mi emoción por acabar un álbum de cromos duraba el tiempo que mi madre me daba dinero para comprarlo en el kiosco).

Entonces, ¿esta guía qué supone? Actividades, juegos y herramientas, no para solucionar la vida, pero sí para facilitarla y comprobar que no hace falta estar a la gresca para conseguir comunicarnos con nuestros pequeños ni resignarnos a vivir con algunas conductas que pueden revertirse.

CLAVES PREVIAS A APLICAR CUALQUIER RECURSO

No todo va a funcionar y mejor que no te obceques. Cada niño tiene sus necesidades, su realidad y su forma de ser, por lo que no todos los recursos que se ofrecen aquí van a funcionarte. Siéntete libre de adaptarlos a sus intereses.

PACIENCIA

si quieres que algo cumpla su cometido, la paciencia es clave: repetir la información, esperar a que se consiga el objetivo, darles espacio para realizar las cosas y para que te presten atención.

CONSTANCIA

No dejes de hacer las cosas por pereza o ni las des por hecho; los niños necesitan patrones de conducta y la constancia es un ancla estupenda para ello.Ejemplo: ser consecuentes y hacer nosotros mismos lo que les pedimos, y ser conscientes de que lo que hacemos funciona muchísimo mejor que lo que decimos.

RESPETAR TIEMPOS

Atender a lo qué está pasando en el entorno directo para saber si es el momento de poner el foco en aquello que quieras cambiar. Mudanzas, llegada de hermanos o cambios importantes ya es un logro en sí aceptarlos. Acompaña sus necesidades.

AMOR

Es el motor de todo. Cuando ponemos afecto en lo que aplicamos con nuestros hijos, todo gira de otra manera. No olvides que el hecho de que ellos estén en este mundo es una respuesta al amor previo.

COMUNICACIÓN

Propíciala siempre a su altura para buscar el contacto visual y tratarlos como iguales; realiza una muestra de afecto físico que acompañe lo que le vayas a decir, y utiliza un tono de voz tranquilo y amigable. Si quieres que te escuche, piensa en que lo que buscas es que se beneficie de ello, no que acate órdenes.

Los recursos siempre se aplican pensando en los niños, porque si ellos se benefician y consiguen pequeños logros que les faciliten las cosas y les ayuden a avanzar, nosotros seremos los primeros en disfrutarlos con ellos.

CAPÍTULO 2

Ducharse sin problemas

Antes de abordar el tema, pongámonos en su piel: les pedimos que confíen en que, cerrando los ojos, no va a pasar nada y a la vez les tiramos agua por encima y no saben cuándo va a terminar ni cuánta va a caer. ¿En serio pretendemos que no se quejen? Es un minuto, vale, pero el valor no es el tiempo, sino el esfuerzo que les pedimos; así que vamos a enfocarlo para que no sea la prisa la que lo rige todo.

PRIMERO

Lo primero que debemos hacer es trabajar con el juego simbólico: jugar a bañar muñecos o juguetes, realizar todo el proceso igual que si fuera nuestro hijo y verbalizar cada gesto y acción que estemos realizando. Si participa con nosotros en el juego, estupendo, pero lo que queremos es que, de forma distendida, pueda ver desde fuera lo que va a experimentar. Por supuesto, cuando le «lavemos el pelo» al juguete o al muñeco, le iremos diciendo frases que lo calmen, y evitaremos frases como «ya no queda nada» o aquellas que implican tiempo. Será mejor utilizar frases del tipo: «Qué bien lo estás haciendo», o «Yo me encargo de que no te caiga jabón en la cara». El juego simbólico se recomienda hacer unos treinta minutos antes del baño, porque si jugamos y enseguida ya es momento de aseo, parece una encerrona. El juego es juego, ¡claro que nos está ayudando!, pero no tiene que condicionar.

SEGUNDO

Darles autonomía en cuanto a la preparación: que puedan poner el tapón, encender la ducha, elegir con qué juguetes jugarán hoy, echar color a la bañera (yo soy muy fan de teñir el agua con colorante alimentario porque no tiñe la piel y da un toque de juego increíble), y colocar su toalla para cuando salga.

TERCERO

Lo tercero, dar tiempo al juego: aprovechar para contarles lo que vamos a hacer, dejar que jueguen y disfruten... porque una cosa no quita la otra.

CUARTO

Por último, quiero decirte que puedes ir estableciendo tiempos: cuando llegue el momento del aclarado, que puedan decir que paremos, que abran los ojos y vean en el agua el jabón que ya ha caído, que puedan coger ellos el vaso con el que les estamos retirando el agua. Cuanta menos prisa tengamos las primeras veces, más rápido se difuminará el problema. Valorar el esfuerzo, dejar que prueben diversas formas de aclarado hasta dar con la que mejor le encaja (cabeza bajo el grifo, con un vaso de agua, con una visera de ducha, con la alcachofa de la ducha, etc.) y entender que les pedimos una prueba de fe, que confíen plenamente.

Y eso, aunque sean nuestros hijos y sepan que los queremos y lo hagamos por su bien, tenemos que ganárnosla.

CAPÍTULO 3

Pañal sin drama

A veces parece que el niño se ha convertido en un extra de lucha libre, y eso de cambiar el pañal... pues se hace cuesta arriba. ¿Qué es lo primero que debemos entender? Que no quiere cambiarse el pañal porque eso implica dejar de jugar, tumbarse sin motivo aparente y dejar de moverse con libertad. Entonces, vamos a ponérselo interesante, ¿de acuerdo? Tratemos de evitar el cambiador una temporada, al menos hasta que vuelva a estar receptivo (básicamente porque la preocupación de que se caiga es mayor que el agobio de cambiarle el pañal sin guerrear); cambiémosle allí donde estemos, aprovechemos el quedarnos en el mismo espacio para cambiar cuantas menos cosas podamos y que la situación fluya.

AHORA, LO IMPORTANTE EN TRES PASOS:

PASO 1

Sienta al pequeño e interactúa con él de forma lúdica (hazle cosquillas, pedorretas, dale besos o cántale una canción que le guste). Que los pañales, las toallitas, las cremas no sean parte del juego.

PASO 2

Tumba al pequeño y sigue interactuando de la misma manera; disfruta de esos minutillos sin pensar en nada más.

PASO 3

Dale al pequeño el pañal, que sea él quien lo sostenga al principio para que tenga sensación de control de la situación y ve intercambiando los elementos (que siempre sostenga algo y juegue con ello, mientras tu terminas de cambiar el pañal).

EXTRA

Si quieres darle algo más para que se entretenga, que no sea un juguete. Cualquier elemento de esa habitación es más interesante y le entretendrá más tiempo. Al terminar, vuelve a sentarlo y repite el juego inicial, que el cambio de pañal no parezca un mero trámite si no una actividad que compartir juntos.

CAPÍTULO 4

Lavarse los dientes

Sin dejar de asumir el riesgo de que el colegio odontopediátrico me odie, creo que es más importante que los niños lleguen a lavarse los dientes disfrutando a que lo hagan por la fuerza porque, en cuanto puedan, dejarán de hacerlo. Volvemos entonces a empezar con el juego simbólico, a jugar a cepillar los dientes a muñecos y a narrar en alto lo que hacemos y lo que ellos van haciendo, también (poner la pasta, frotar arriba, abajo, enjuagar, etcétera).

Vamos a permitir la manipulación sin objetivo, dejarle al pequeño el cepillo de dientes para que juegue con él y se familiarice, que lo toque y, sin presionarlo, que compruebe que las cerdas son suaves y que la movilidad en la boca la puede guiar él. Lavárnoslos juntos y que nos vean («La canción del cepillo» de Chumi Chuma es una gran aliada en este proceso). Cuando lo agarren, guiemos verbalmente lo que deben hacer y pidamos permiso para repasar; agradezcamos su colaboración y el esfuerzo en los avances. Dejemos que ellos elijan el cepillo, que pongan la pasta de dientes, que se sirvan el vaso de agua para enjuagar y escupir los restos... En definitiva, que demuestren decisión y autonomía será decisivo en crear ganas y necesidad de cepillado.

CAPÍTULO 5

Ir andando sin pedir brazos

Lo primero que quiero es que te tatúes esta frase: «si cubrimos una necesidad, esa necesidad va desapareciendo». Vas por la calle y te pide brazos, que lo cojas..., ¡pues hazlo! Cubre esa demanda, camina un poco y, antes de volver a bajarlo, motívalo con algo del entorno. Por ejemplo, echar una carrera hasta el siguiente árbol, coger piedras, buscar una ardilla, recoger hojas para hacer una manualidad en casa... Cuando se lo hayas dicho, lo bajas al suelo, le das un buen beso y te pones con la tarea ofrecida.

¿Que nos vuelve a pedir brazos? Repetimos la jugada, pero esta vez ofreciendo una actividad diferente a la previa. No intentemos convencerlo diciendo que no podemos o que nos duele la espalda; el nivel de empatía de nuestros pequeños de menos de cinco años aún no ha llegado a ese punto de desarrollo y solo va a servir para frustrarnos. Si lo cogemos en brazos cuando lo pide, su cerebro reconoce la necesidad como cubierta y está receptivo para cualquier otra actividad que se le ofrezca. Cuanto más tardemos en satisfacer esa petición, más tardará su cerebro en mandar señales de calma al cuerpo; si atendemos la demanda, todo lo que venga después va a ser mucho más conseguible. Si yo tengo sed, hasta que no bebo no se me va. Mejor no dilatar la necesidad, ¿no?

CAPÍTULO 6

Recoger los juguetes

A nadie le gusta pasarse el día recogiendo y menos a un niño al que le pedimos que deje de hacer aquello que lo está entreteniendo para llevar a cabo una actividad que, seguramente, le importe un bledo. Por eso, vamos a recoger siempre a través de juegos; pero, antes de nada, me gustaría recordar las claves básicas para esta actividad.

EMPEZAR A RECOGER CON TIEMPO Y SIN PRISA

Muchos de los enfados cuando algo no está recogido surgen por las prisas de hacerlo y, si lo vamos a convertir en juego, no puede haber premura. Empecemos un buen rato antes y recordemos que hay que disfrutarlo para que funcione.

DAR LAS GRACIAS

Cada vez que se guarde algo se celebra y se agradece, sobre todo las primeras veces, como refuerzo positivo motivador. Es un esfuerzo y como tal lo vamos a tratar.

Hacerlo todos, colaborar con ellos: no vale no dar el ejemplo, aquí toca apechugar y que colaboremos todos. Participar y formar parte de una actividad que estamos convirtiendo en algo lúdico.

ALTERNAR Y ADAPTAR

Elegir los juegos apropiados para su edad y capacidad y, según veamos el interés o la costumbre, ir variando o dejarlos elegir con qué actividad quieren recoger.

EXPLICAR

Hay que explicar el juego antes de llevarlo a cabo. Es importante que sepan qué se va a hacer y que estén receptivos.

JUEGOS Y ACTIVIDADES PARA DISFRUTAR RECOGIENDO

EXPLICAR

Pon el elemento o los elementos que utilices para guardar los juguetes en el centro de la habitación (baúl, cesta o caja) y juega a lanzarlos desde una distancia prudencial y por turnos. Cada acierto se celebra.

LAS ESTATUAS

Se recoge mientras suena la música y, cuando esta se para, debemos quedarnos como estatuas hasta que vuelve a arrancar la canción.

ELEGIR LO QUE RECOGE OTRO

Cada persona elige a otra y le indica qué elemento recoger. Cuando realiza esa petición, esta persona elige a otra y a otro elemento para continuar con la cadena.

IMITAR ANIMALES

Caminemos como un canguro, como una tortuga, como un cangrejo, etcétera, desplacémonos por la habitación recogiendo los juguetes mientras imitamos a los animales que se mencionan. Podemos añadir onomatopeyas y dejar que ellos elijan los animales.

ADIVINAR LO GUARDADO

Todos cerramos los ojos menos una persona que debe guardar un juguete; cuando lo hace y nos avisa, debemos adivinar qué es lo que ha ordenado observando lo que queda.

Con todo esto se responsabilizan del orden con ganas, les apetece tener y demostrar autonomía, quieren participar y entienden que tener cosas que hacer no tiene que ser tedioso para nadie.

CAPÍTULO 7

Llamar a un adulto cuando se está con otro

Vas a bañar al pequeño y te dice «contigo no, con papá», o vas a dormirlo y dice «tú no, mamá». ¿Qué pasa aquí? Pues que lo que a veces nos tomamos como un «feo» personal, como desagradecimiento o como manipulación no es más que aprender a comunicarnos y a entender que lo que dicen los niños va mucho más allá de las palabras.

Si estás tú con el pequeño y llama a otro adulto, que el otro adulto vaya. Pero a sumar y no a sustituir. ¿Qué quiere decir eso? Que ninguno abandone dicha habitación: os quedáis ambos y empezáis a comunicaros de forma fluida y constante, de manera que el que acaba de llegar se convierte en mano ejecutora y el que ya estaba ahí se convierte en voz cantante.

Si mamá estaba bañando y llega papá atendiendo a la llamada, papá se pondrá a bañar al pequeño, pero preguntando todo a mamá: desde dónde frotar hasta cuánto jabón, conversando, agradeciendo la información, atendiendo al niño y al otro adulto a la par. Al terminar, sigamos con las rutinas o actividades de la forma más natural posible, dándole valor a lo que está por venir y no a lo que ha pasado.

¿Qué información le llega al pequeño con esto? Que los dos vais a la par, que los dos le podéis atender de la misma manera, que los dos sois igual de válidos y que no importan tanto las palabras en situaciones así, sino el abordar la situación atendiendo a quien más lo necesita (que esta vez no es el pequeño, es el adulto).

No preguntes qué pasaba o por qué te llamaban, atiende directamente la acción, que es el motivo de discordia. Cada vez que pase esto es importante actuar de la misma manera, la constancia es clave para que los niños asuman las actividades como algo coherente. No hay culpables ni hay malos comportamientos, sino que hay un niño aprendiendo a comunicarse con su entorno y un adulto que muchas veces se ve sobrepasado por no entender la situación. Por su parte, el papel del segundo adulto es no entrar en juicios y dar soluciones a lo que está pasando.

CAPÍTULO 8

Evitar las amenazas

El uso de la amenaza tiene sus razones de ser: ves respuesta rápida en los niños, recuerdas que las recibiste tú de niño o puede que no conozcas otra forma. Pues vamos allá. Que tenga respuesta rápida no quiere decir que funcione, porque debemos entender que el miedo no educa, el miedo somete. La idea es que hagan las cosas porque es un aprendizaje para ellos, porque consiguen avanzar como personas con ello; entonces, decirles cómo tienen que comportarse atendiendo a la posible reprimenda, lo que consigue es que se comporten como queremos mientras estamos delante, pero no supone un aprendizaje para el futuro.

Hablemos de consecuencias, pues. Si quieres que haga algo, ¿no tendría más sentido mostrarle la consecuencia del acto en sí? Antes de que llegue a tocar «eso», antes de que lance «aquello», antes de entrar en casa de ese familiar o de ese amigo donde hay menos permisividad, háblale de lo que realmente puede pasar si lo hace. Explícale, también, lo que implica ser responsable, implícale en la solución de la situación, si procede, y así le iremos enseñando que hay cosas que no se les permite hacer y no es por cabezonería adulta, sino que hay una razón de peso.

Cambiemos la forma de comunicarnos, no hablemos cuando vayan a suceder las cosas y adelantémonos a estas, poniendo ejemplos de situaciones similares previamente vividas o de cuando nos pasó a nosotros algo parecido. Todo ello, por supuesto, buscando su mirada, a su altura y con afecto.

Si esperamos a que pasen las cosas, sale la amenaza antes que la consecuencia porque no nos da tiempo a ser racionales. Es preferible decirle que con un vaso de agua no se corre y que, si se cae, lo tendremos que recoger juntos y habrá que dejar de jugar en ese rato, que esperar a que se caiga para corregir con enfado y, seguramente, seguido de castigo o de amenaza.

Hablemos de las cosas que realmente suceden y no de aquellas que consideramos que van a ayudar a conseguir que se «comporten» porque, en el futuro, cuando ya no sean tan niños, si solo han recibido amenazas, esta será la única forma comunicativa que acepten recibir de otros iguales.

CAPÍTULO 9

Usar pantallas a la hora de la comida

No se puede pasar de cero a cien quitando las pantallas de golpe, y tampoco llegamos a ningún lado con la culpa de estar usándolas, así que vamos a abordar este tema con realismo.

Usaremos la pantalla como siempre, pero pararemos por cada cucharada, de manera que serán conscientes del proceso de pinchar, meter en la boca y empezar a masticar. Antes de cada cucharada o pieza en el tenedor, pausemos la pantalla (que lo haga el pequeño, incluso) y cuando ya esté empezando a masticar o a degustar el alimento en la boca, la encendemos de nuevo. Iremos alargando las pausas cuando veamos que nos sentimos cómodos con ese pequeño avance, por ejemplo, dos cucharadas con la pantalla pausada, luego tres y así sucesivamente. Es muy importante que en esas pausas interactuemos, demos conversación, contemos cosas. Así, cambiaremos la distracción de la pantalla por la distracción social, más valiosa y enriquecedora.

Cuando llevemos una semana con los alargues, no ofreceremos la pantalla nada más sentarnos en la mesa y tampoco estará visualmente disponible, pero asumiremos que, si la piden, la pondremos de nuevo siguiendo el ritmo de las pausas.

Intercambiar pantalla por cuento con la misma dinámica también es una gran idea, pero recordemos llevar el proceso de la misma manera: no se lee mientras se realiza el proceso de ingerir, etc.

Te animo a ir poco a poco asumiendo que, cuanta más prisa tengamos en cambiar las cosas, menos receptivos estarán nuestros hijos. ¡Se trata un proceso de adaptación!

CAPÍTULO 10

Irse del parque

O de cualquier sitio. Incluso si lo que quieres es que camine de la mano sin huir. El patrón es el siguiente: informar, repetir, motivar, agradecer.

INFORMAR

Acércate a él y dile qué es lo siguiente que vamos a hacer, el motivo por el que dentro de poco nos marcharemos del parque (sin olvidar nunca las pautas de comunicación) y algo que se te ocurra a ti que podamos hacer al llegar al destino.

REPETIR

Al poco tiempo, acércate de nuevo y repite la información, pero esta vez, en lugar de contarle qué se te ocurre hacer a ti, pregúntale qué quiere hacer cuando lleguemos al destino (si aún no habla, coméntale aquellas cosas que sabes que le pueden resultar atractivas). Puedes decirle que la próxima vez que vuelvas, ya es la definitiva y después vuelve a marcharte.

MOTIVAR

La tercera vez que vayas, recogemos juntos y luego nos marchamos recordando todas las cosas apetecibles que hemos ido seleccionando entre ambos previamente.

DAR LAS GRACIAS

Por recordar las normas, por llevarlas a cabo, por ayudarte a recoger. Es el agradecimiento no por obedecer ciegamente, sino por entender y aplicar la información que le hemos hecho llegar.

De vuelta a casa (o llegando al paso de cebra) recomiendo llevar siempre un elemento lúdico para que se entretenga: un pompero, una caja pequeña para rellenar con elementos de la naturaleza (hojas, flores, piñones), música.

¡Ojo! Si hay prisa, la culpa no es del niño. Nosotros somos los que damos la información y los que tenemos en mente el plan completo del día, por lo que nos tiene que compensar empezar antes con las pautas para asumir que puede haber contratiempos (o necesitar alguna repetición más de la información).

CAPÍTULO 11

Rebajar los gritos

Está más que comprobado que pedirles a gritos que no griten no funciona. ¿Cómo conseguirlo, entonces?

Vamos a utilizar lo que se conoce como discernimientos visuales: 'acciones que implican sonido, monotonía y que son muy rítmicos'. Con ellos captamos la atención de los niños sin necesidad de crear conflicto. Por ejemplo, si el niño empieza a gritar, tú acércate a un interruptor o a una persiana y, durante diez segundos, enciende y apaga la luz o sube y baja la persiana de forma rítmica. En cuanto el niño pare, en ese momento exacto, te acercas y hablas con él.

Estas acciones captan su atención por inesperadas y, sobre todo, porque los desconciertan; pero si dilatamos mucho el contacto desde que paran hasta que nos comunicamos, volverán a ponerse a gritar.

CAPÍTULO 12

Cortarse las uñas

Hablemos, primero, de pautas previas a cortar las uñas:

- Ir sin prisa para ser más pacientes, más respetuosos con sus necesidades y menos nerviosos de cara a algo que no le es agradable al niño.
- No ocultar intenciones y hablar de ello, pero minimicemos su importancia (por eso jugamos primero) y hagámoslo en el momento de la rutina que más receptivos los veamos (antes del baño, por ejemplo).

Cada juego para cortar las uñas debe hacerse sin propósito, por lo menos una vez antes de cortarlas, lo que implica que las tijeras no estén a la vista la primera vez que usemos la técnica que elijamos.

VAMOS ALLÁ CON VARIOS JUEGOS

1. Empecemos reconociendo los nombres de nuestros dedos y comprobando, de uno en uno, si las uñas pinchan por estar largas (haciendo «teatrillo» al tocarlas). Seguidamente, iremos reconociendo los dedos de nuevo, pero esta vez con las tijeras y, a cada uña que se corte, comprobaremos y celebraremos que ya no pinchan.
2. Dediquemos cada dedo a un familiar, un amigo del cole o un personaje de un cuento, de manera que repasaremos ambas manos con nombres con los que el pequeño esté familiarizado y se sienta cómodo. Luego, volvamos

a empezar de cero diciendo «Esa uña por...» y el nombre de la persona que decida el pequeño. Como siempre, celebremos cada una.

3. Pintemos las uñas tras cortarlas dejándolo elegir el color y sin prisa; disfrutemos del proceso y dejemos que nos pinte alguna uña a nosotros.

4. Tengamos varios elementos para cortar (una tijera, una lima, un cortaúñas) y dejemos al pequeño elegir qué uña y con qué elemento hacerlo; alternemos para crear una dinámica de juego y relativizar el momento. Y, como siempre, estemos receptivos para cambiar de juego y saber que, en cuanto se sienta seguro, estas actividades no harán falta; mientras tanto, paciencia y empatía.

CAPÍTULO 13

Juegos para acompañar a los pequeños

Si de verdad quieres que tus hijos hagan o actúen de una forma concreta, debes convertirlo en juego. Porque el juego y la interacción con afecto son un enorme motor de aprendizaje. Porque, si disfrutan aprendiendo, lo interiorizan mejor y son capaces de asimilarlo y replicarlo en otros momentos y lugares. Porque, si la forma en que enseñamos nos hace felices, seremos capaces de aplicarlo sin esfuerzo, siendo conscientes de que ellos, los niños, son los verdaderos protagonistas de esto.

CAPÍTULO 14

¿Besos o cosquillas?

Cuando está nervioso, lo ves más tristón, se ha hecho daño o estás en la salita de espera de Urgencias y quieres hacerlo sentir seguro y reconducir esa situación, podrías hacer lo siguiente: siéntate con él y ponte a su altura; muestra al pequeño un puño (con tu mano cerrada) y pregúntale qué cree que hay dentro, si besos o cosquillas. No hay nada que acertar, solo hacer caso a lo que diga y fluir con él. ¿Que hay besos? Pues pon la mano como si fuera un pico de pato y llénale de besos la cara. ¿Que hay cosquillas? Pues cosquillas por todo el cuerpo. Y vuelve a empezar las veces que quieras.

Con este recurso se minimizan las emociones negativas, se los acompaña para gestionar situaciones que son complejas para ellos, se les da seguridad, se disfruta sin necesidad de materiales o elementos externos y se refuerza el vínculo familiar.

Si tu hijo tiene menos de dos años, en vez de darle opciones para que elija la que quiere, enséñale la mano cerrada y dile lo que vas a mostrar, repite la acción mostrando la otra opción (entre beso o cosquillas) y reconocerás, por su lenguaje corporal, cuál de las dos opciones le ha gustado más para poderla repetir. Para mí, lo mejor de este recurso es la ternura que provoca, pues consigue que todos bajemos revoluciones, nos relajemos y nos disfrutemos.

CAPÍTULO 15

«Corazón en la mano»

Crecen y ya tienen edad para conversar, pero aún son pequeños para afrontar cómodos los cambios. Cuando esos cambios llegan, lo pasan mal, porque todo resulta novedoso, son muchas horas de estar separados, rutinas y espacios diferentes...

¿Qué podemos hacer? Pinta un corazón en la mano del pequeño y otro en la tuya, y dile que cada vez que te eche de menos apriete con fuerza el corazón de su mano, que tú harás lo mismo. Explícale que al apretarlo tú sabrás que lo ha hecho y le mandarás mucho amor, así como él a ti. Haz la prueba en directo, que lo apriete y tú lo «sientas»; hazlo tú también, que te vea igual de implicado.

¿QUÉ SE CONSIGUE CON ESTE RECURSO?

DAR SEGURIDAD

Es una forma de sentirse acompañados, sin presiones, con respeto y aceptando que un niño nos necesita más aún cuando no estamos.

MOSTRAR AFECTO

Con los besos y el intercambio de gestos se lo acompaña de una manera que transforma la vulnerabilidad y, poco a poco, responde a la seguridad que necesita.

DERROCHAR EMPATÍA

Conseguimos adelantarnos a las necesidades que va a tener el niño, porque lo conocemos y queremos ayudarlo para que disfrute cuanto antes.

Continúa ofreciéndole este recurso hasta que sean él quien no lo quiera. No tiene por qué ser una forma de corazón, pero sí debe ser el mismo dibujo en las manos de ambos. Es buena idea usar este recurso un par de días antes de que sea necesario aplicarlo, para ir probando si le gusta, si nos funciona bien o si hay que añadir algo más. Por supuesto, cuando nos volvamos a encontrar, no escatimemos en afecto y digámosle que hemos sentimos el corazón cuando lo ha tocado.

CAPÍTULO 16

Tarro de «polvos mágicos»

A veces los niños dicen que no les gusta un alimento que nunca antes había supuesto un problema, no les apetece ponerse el pañal o no quieren calzarse para salir de casa. Todo entra dentro de lo que es un niño pequeño.

¿Y si te digo que, a través del juego, podemos no solo facilitarlo, sino disfrutarlo? Prueba coger un bote pequeño, transparente, con tapa y píntalo con tu hijo. Puedes utilizar pegamento de purpurina, permanentes de colores, pintura de dedos o el material que más te apetezca. Decora el bote con él, sin prisa, como una manualidad cualquiera. Por la noche, antes de ir a dormir, déjalo abierto cerca de una ventana y cuéntale a tu pequeño que las hadas (o el ser mágico que quieras) lo van a llenar de «polvos mágicos» para poder usarlos en lo que más nos apetezca y para hacer las cosas mejor. Al día siguiente, lo encontrará cerrado en la misma ventana lleno de dichos polvos. Juega un rato con ello: no se ven, pero se notan; continúa dando un tono de creatividad y deja que la imaginación del niño vuele.

Cuando surja un conflicto durante el día, saca el bote de «polvos mágicos» y úsalos cuando y con lo que sea necesario. ¿Que no le apetece comer algo? Echa un poco de «polvos mágicos» y comprobará que está más rico. ¿Qué no quiere ponerse el pañal para dormir? Le echamos «polvos mágicos» para que le quede mejor.

IMPORTANTE

Hay que meterse en el papel de la magia, disfrutar y asombrarnos con él, celebrar que tras usar los «polvos mágicos» las cosas se consiguen y se disfrutan. Celebremos lo bien que le han entrado los zapatos gracias a poner «polvos mágicos». Confirmemos con ellos que la comida está muy rica gracias a estos y que, si es necesario, se echa más. No olvides ponerlo cada equis tiempo en la ventana para que las hadas lo vuelvan a «llenar de magia». Y siempre tengamos cuenta que debemos implicarnos y no utilizarlo para que el niño nos obedezca ciegamente, sino para que haga aquello que lo beneficia (o necesita) a la vez que disfruta.

CAPÍTULO 17

Regla de los cuatro dibujos

Cuando visitamos un lugar con atracciones o el plan es ir a un sitio con muchas opciones lúdicas y no queremos pasarnos el tiempo diciendo que no, es decir, para evitar una posible rabieta, vamos con un recurso que ayuda a gestionar que haya un número determinado de opciones para disfrutar; así evitaremos enfados posteriores.

Lo primero que haremos será recorrer todo el espacio para que vean las opciones que tienen de entretenimiento, pero no solo lo que hay, sino también la velocidad de algunas atracciones, el tiempo de espera para jugar y las edades de los otros niños que montan. Hacer esto facilita mucho la toma de decisiones de los pequeños, de forma pausada y realista: saben lo que hay y pueden elegir con toda la información.

TRAS ESA VUELTA DE RECONOCIMIENTO, APARECE LA REGLA DE LOS CUATRO DIBUJOS

Los niños pueden montarse en cuatro atracciones (o consumir cuatro entretenimientos) y cada vez que termina una de ellas se les pinta en la mano el dibujo que quieran.

En cuanto tengan los cuatro dibujos en la mano, ya podremos irnos o cambiar de entorno. No tiene que ser un dibujo en la mano, pueden ser pegatinas o cualquier elemento que les permita reconocer la consecución del objetivo establecido.

Tampoco tienen por qué ser cuatro, serán las que previamente acuerdes con ellos, ya que cada familia y cada día son únicos.

Para que el recurso funcione debemos comunicarnos bien con los pequeños y tener presente que su edad les facilita en una u otra medida la comprensión de las pautas. Los niños entienden muy bien esta dinámica porque con los dibujos en la mano disfrutan un montón y, a la vez, se les va recordando la regla determinada. Al terminar, démosle las gracias por haber recordado y respetado las pautas.

CAPÍTULO 18

La técnica de la vela

Podemos utilizar esta técnica cuando se nos ha ido de las manos la excitación de los niños, cuando están pasados de rosca con tanta información del entorno o cuando no conseguimos sacarles del bucle de emoción que no nos deja hablar con ellos.

Vamos con el recurso: no les pidas que dejen de hacer lo que están haciendo, pero empieza a hablar alto, extiende la mano con el brazo estirado y di: «¡Chicos, mis dedos son como velas encendidas! ¿Me ayudáis a apagarlas?». En cuanto se acerquen ve guiándolos para que tomen aire y soplen fuerte sobre uno de tus dedos, el cual bajarás al ritmo del soplido. A cada dedo que se «apague», los felicitaremos con voz calmada por haber conseguido apagarlo. Así con cada uno, con una pausa breve de cinco segundos entre cada soplido y, al terminar de soplar todos los dedos, dales un buen beso y que sigan jugando.

Los niños se relajan porque hacen respiraciones breves en las que tienen que poner atención en inhalar y exhalar; eso consigue que se relajen a la vez que su cuerpo reaccione con calma, porque han frenado una actividad aeróbica, y el cuerpo, que hasta entonces estaba totalmente desatado, agradece la paz y quiere quedarse un poco más en esa pausa. Sin duda habrá veces que necesiten más tiempo y entonces puedes añadir repetición en la técnica o, al acabar, elegir tú la actividad para asegurarte que es algo relajado. A menos prisa tengas por que se relajen y más te metas en el papel, mejor funcionará.

CAPÍTULO 19

¿Y con esto voy a ser la versión *premium* de mí mismo para criar?

Pues no pongo la mano en el fuego. De lo que sí estoy convencida es de que te sentirás más seguro, más tranquilo, más acompañado y menos juzgado. Sé que criar no es fácil y que da igual que tengas un hijo o treinta y seis, cada día está compuesto por varias realidades distintas que convergen y deben aprender a convivir. Que nadie importa más que nadie y que la manera que tengan nuestros hijos de relacionarse con el entorno depende directamente de nosotros.

No es garantía de que siempre lo hagamos bien, pero nos ayudará a que incluso, cuando no sepamos hacer las cosas correctamente, podamos corregir, pedir disculpas y volver a empezar. Mostrarnos reales, convivir con la imperfección y disfrutar de nuestros logros como familia sin comparar ni competir.

Aquí hemos venido a querernos, y educar es una de las mejores formas de demostrarlo.